La part du chien

Un reportage littéraire

d'AURÉLIE CHAMPAGNE

XXI Bis

« Léon dit que les chiens enragés sont beaux.
Je le crois. »
— René Char, *Feuillets d'Hypnos*

LE REFUGE

—

« Alors les couillons ! », s'égaie Vincent devant une rangée de grilles. Au refuge SCPA de Carcassonne, l'aboiement des chiens fait l'effet d'un coup de Taser. En ce début avril, les chenils de l'association sont bondés. Parquées à deux dans des courettes de trois mètres sur quatre, une centaine de bêtes en attente d'adoption marinent dans un jus d'ennui et d'abandon. La plus ancienne est là depuis six ans. *« Mais dans les refuges, il y a des génies, des chiens qui ont des capacités extraordinaires ! »*, bouillonne Vincent.

Au passage de cette grande baraque hirsute vêtue d'un inamovible treillis, les animaux s'agitent frénétiquement dans leur cage. Derrière l'employé du refuge, et comme engloutis dans son ombre, suivent Mathieu, 35 ans, et Claude, 28 ans. Au premier jour

Certains ont mordu,
d'autres encombraient
la maison ou pesaient
sur les finances de
leur foyer. Si personne
ne les adopte,
ils croupiront ici
à perpétuité.

d'un stage d'éducation canine, ces deux visiteurs sont venus *« voir des chiens »*.

L'employé s'immobilise devant un chenil, déverrouille un loquet. Aussitôt, Syndelle, Nora, Diego, Zizou, Tchoko et Friandise vrillent et voltent dans leur courette. Ces six fringants cabots ont été abandonnés ou ramenés au refuge après avoir *« débordé »* leur maître. Certains ont mordu, d'autres encombraient la maison ou pesaient sur les finances du foyer. Si personne ne les adopte, ils croupiront ici à perpétuité.

« Le bruit », pâlit Mathieu sous son épaisse barbe blonde. Les poings tremblants fixés au fond des poches, le visiteur balaie d'un regard voilé le décor carcéral. À côté, Claude, grand échalas au visage poupin, chancelle dans un sweat « Sons of Anarchy » doublé d'une veste de marin-pompier floquée à son nom. Depuis son arrivée, Claude rit fort et parle beaucoup : *« C'est quand ça va pas trop.*

— Aujourd'hui, vous prenez pas la tête. Demain, on verra, les rassure Vincent. *Soyez vous-mêmes. De toute façon, on peut pas mentir avec un clébard.*

— *"Soyez vous-mêmes"* », remâche Claude, atone.

L'HYPNOSE DES BATAILLES

—

Le grand Claude a 28 ans et des airs de minot. Il était marin-pompier : « *Je suis tombé le 29 novembre 2019, un jour avant mon anniversaire.* » À 25 ans, le jeune homme a été traumatisé au cours d'une intervention après un accident de la route. Mathieu était caporal-chef chez les chasseurs alpins. En 2010, il avait 23 ans quand il est rentré d'Afghanistan en état de stress post-traumatique.

Par usure ou par surprise, la mort et le chaos ont fait irruption dans l'existence des deux militaires et pulvérisé le sens qu'avaient pour eux quantité de choses. Les tablées d'amis, les fêtes et l'insouciance font partie de l'histoire ancienne. Au quotidien, Claude et Mathieu composent avec les reviviscences, les cauchemars, les crises d'anxiété, les pleurs, les médocs et *« la honte d'avoir cassé »* quand d'autres seraient restés droits dans leurs bottes. Tous deux vivent à un niveau d'alerte asphyxiant, dans un état d'hypervigilance qui sabote leur vie sociale, affective et professionnelle.

Depuis deux ans, Claude ne sort quasiment plus de chez lui, *« sauf vraiment quand il faut, pour faire les courses »*. Mathieu évite *« les villes »*, *« les trains et les espaces clos »*, *« le monde »*, *« les gens »*. Avec une rage impuissante, tous deux assistent au spectacle de leur vie qui se délite, endurent les inquiétudes de leurs proches qui désunissent plus qu'elles ne rassemblent et regardent leur petit monde, qu'ils croyaient jusque-là étanche, fuir comme un tuyau percé.

Le mal dont souffrent les deux hommes est vieux comme le monde. Comme la guerre elle-même. La médecine militaire l'a un temps nommé *« hypnose des batailles »*, *« vent du boulet »* ou *« fatigue de combat »*. En 1980, alors qu'une épidémie de troubles psychiques sévit aux États-Unis chez les vétérans du Viêtnam, la dénomination d'*« état de stress post-traumatique »* apparaît dans le DSM, le manuel de l'Association américaine de psychiatrie qui répertorie les troubles mentaux. Le terme fait depuis référence.

L'armée française reconnaît le traumatisme psychique depuis 1992 et s'est emparée du sujet au début des années 2000 avec le conflit afghan. Cinq plans ministériels ont amélioré le dépistage et le suivi des hommes. Mais le mal est invisible, long et complexe à cerner. En 2019, l'armée de terre – qui compte 130 000 hommes et femmes – évaluait à 12 500 le nombre de militaires blessés sur des théâtres d'opérations depuis 1993. « *La plupart* » souffrent d'un syndrome post-traumatique,

Ils regardent leur petit monde, qu'ils croyaient jusque-là étanche, fuir comme un tuyau percé.

indique évasivement le Haut Comité d'évaluation à la condition militaire. Aux Gueules cassées, fondation établie à Paris pour aider les *« blessés de la face et de la tête »*, l'état de stress post-traumatique concernait 75 % des nouveaux adhérents en 2022. Au sein de l'armée de terre, la plus touchée, la prise en charge dure en moyenne neuf ans, contre trois ans pour une blessure physique. Au sein des cellules d'aide, on estime que dans 75 % des cas les militaires quittent l'institution. Dans neuf cas sur dix, leur famille explose.

Mathieu et Claude ont joué le jeu de l'accompagnement médico-social proposé par l'armée. Ils ont vu leur médecin d'unité, des psychiatres, des psychologues, des infirmiers, des assistantes sociales, des coachs, des référents. Chacun a essayé des formations ou des activités sans jamais vraiment ressentir le mieux-être escompté. Si, en ce printemps 2022, tous deux ont réussi l'exploit de s'extraire de chez eux pour traverser la France et rejoindre Carcassonne, c'est qu'il faut bien continuer à tenter quelque chose. Et après tout, pourquoi pas un chien ?

LE PROGRAMME « ARION »

—

« Arion, médiation canine et accompagnement des militaires blessés psychiques » est un programme expérimental piloté par l'armée de terre. Pensé en réponse à l'augmentation du nombre de soldats souffrant d'un état de stress post-traumatique, le programme doit son nom à un chien militaire dont le maître est rentré d'Afghanistan avec une jambe en moins et une blessure psychique.

« Arion » s'inspire très librement d'une expérience menée par l'armée américaine. Au tournant des années 2010, un colonel français en visite chez les marines découvre comment l'US Navy recourt aux chiens d'assistance pour accompagner ses soldats traumatisés. Ces animaux à l'odorat hors du commun sont capables de détecter les pics de cortisol, l'hormone du stress, et d'anticiper les crises d'anxiété chez l'humain. Les bêtes ont appris à rassurer leur maître en cas d'attaque de panique et à l'accueillir à la sortie de ses cauchemars. Au besoin, elles rappellent aussi l'heure de prise des médicaments.

L'idée d'une expérience analogue fait son chemin dans l'armée française, en s'appuyant notamment sur les ressources du 132e régiment d'infanterie cynotechnique. Basé à Suippes, dans la Marne, le 132e RIC est tout à fait à part au sein des armées. Implanté dans une ancienne ferme impériale cernée par 115 hectares boisés, ce régiment assure les missions liées à l'emploi militaire des chiens et prépare des binômes homme-animal indissociables en appui aux unités d'infanterie. Il héberge en son cœur le plus grand chenil d'Europe : des courettes à perte de vue peuplées de malinois sanguins. Au 132, le tonitruant capitaine Jean-François l'assène : « *Je pense qu'on peut resocialiser un chien, et qu'en avançant sur ce que veut dire "casser un chien" et "réparer un chien", on avance aussi sur ce que signifie casser un homme et le réparer.* »

Mais comme dirait l'adjudant-chef Frédéric, « *on n'est pas des Américains* ». Ce maître-chien d'une cinquantaine d'années a pensé toute la partie cynotechnique du programme « Arion »avec pragmatisme et prudence.

À Carcassonne, tout le monde l'appelle « Fred », et, en matière de chien, c'est lui le patron. Esprit sagace et silhouette musculeuse, l'homme est du genre taiseux : *« À l'armée, t'apprends plutôt à fermer ta gueule. Et puis les chiens, c'est tout au regard et au geste. »* Ses pairs le tiennent pour un sage, un magicien du chien. En termes de considération professionnelle, le cynotechnicien partait pourtant de loin.

« Marin de cœur », Fred s'est engagé à 17 ans. *« À mon époque, la fierté était d'être béret vert. Un fusilier marin qui voulait devenir maître-chien, c'était une tare. »* À côté de lui, Jean-Philippe se marre. Le biceps moulé dans un Lacoste rapporté d'Afrique, cet expert en cynotechnie a connu la même déconsidération. *« Si tu ne fais pas fusilier, tu pourras toujours faire ramasse-crottes. Combien de fois on a entendu ça avec Fred ? »* Aujourd'hui réserviste de la marine, Jean-Philippe a rejoint son vieux pote Fred à Carcassonne pour le seconder dans l'encadrement canin.

Afin d'élaborer le programme, Fred a soutenu l'idée de travailler avec des chiens de refuge. *« Ils ont du vécu. Leur passé a enrichi leur expérience et développé leur caractère. Ils sont plus autonomes, comprennent*

Les chiens américains sont formés pendant deux ans par des entreprises privées pour 20 000 euros par tête. Les chiens d'Arion, coûtent 400 euros chacun.

souvent plus de choses et pensent davantage par eux-mêmes. » En cynotechnie, le travail consiste finalement moins à enchaîner les exercices de dressage qu'à prendre le chien comme il est, en composant avec son potentiel et son intelligence de situation.

Plus chevronnés, les animaux de refuge sont aussi moins onéreux. Les chiens américains sont issus d'élevage et formés pendant deux ans par des entreprises privées pour 20 000 euros par tête. Les chiens d'Arion, coûtent 400 euros chacun.

C'est Fred qui a eu l'idée de se rapprocher du refuge carcassonnais pour recruter les animaux

« Il faut laisser au chien le temps de décrypter son humain »

du programme. Il a contacté Vincent, l'un des employés, un ancien militaire, réformé lui-même à la suite d'un stress post-traumatique. Ensemble, ils ont sélectionné six bêtes pour leur stabilité émotionnelle, leur capacité d'apprentissage et de communication. *« Y a aussi une part de feeling. C'est de la lecture pure de chien. Ça ne s'explique pas »*, souffle Vincent dans sa grosse barbe.

Sans prétendre guérir aucune blessure, Arion fait dans l'accompagnement psychosocial et la débrouillardise fauchée. Le programme propose à une poignée de volontaires de suivre trois stages d'une semaine pour apprendre les rudiments de l'éducation canine. La formation s'étend sur un mois et demi, entrecoupé de deux retours à la maison.

À l'arrivée à Carcassonne, tous les participants logent dans un camping deux étoiles où une piscine verdâtre et une dizaine de bungalows semblent se serrer les coudes en attendant la haute saison. Chaque stagiaire occupe un gîte, non loin de celui des maîtres-chiens. Le camping héberge également les référents et officiers des cellules d'aide qui accompagnent les militaires blessés dans leur âpre parcours administratif et juridico-social. *« Eux, c'est les hommes. Nous, c'est les chiens »*, cadre Fred, en déballant son paquetage.

Sur place, les ambitions sont à la fois dérisoires et immenses : « *Voir ce qu'il est possible de faire* », « *s'adapter* », évaluer la relation naissante entre un chien esseulé et « *un gamin* » devenu l'ombre de lui-même. Au fil des semaines, les hommes apprendront un peu, beaucoup ou pas du tout. « *On fera de l'éduc', un peu de sport canin, un peu d'olfaction, peut-être un peu de pistage, d'"agility". On verra…* », sourit le maître-chien. Et si, d'aventure, un stagiaire se prenait d'amitié pour son chien, il reviendrait encore au cynotechnicien d'estimer s'il est ou non en mesure de bien s'en occuper. À l'autre bout de la laisse, l'animal sortirait de sa courette et gagnerait un foyer. « *Il faut laisser au chien le temps de décrypter son humain et son environnement*, avertit Fred. *Avec de l'affection, l'animal s'attache, trouve une place et fait sa part du travail. Il va naturellement assister son maître, le protéger, trouver des tâches à accomplir : analyser les moments où son humain ne va pas bien et décider d'une action pour l'épauler. Le chien trouve.* »

En définitive, le cœur d'Arion tient sur un Post-it : un homme cassé rencontre un chien cassé et rentre chez lui.

LE CŒUR EN VRAC

—

Claude, le marin-pompier, ressort du chenil à l'envers : « *J'ai un coup de cœur.* » Avec Syndelle, ils n'ont eu qu'un maigre contact dans la courette. Quelques minutes. Presque rien. Mais la chienne qui aboyait de peur a fini par se coucher à ses pieds. Bouleversé, Claude cherche du regard quelque chose à quoi s'arrimer puis revient finalement à la chienne : « *Quand j'étais enfant, j'avais un labrador de la même couleur.* »

Le jeune homme a été placé à l'âge de 1 mois dans les foyers de l'Aide sociale à l'enfance. Entre 6 et 16 ans, il a vécu en famille d'accueil avec un chien nommé Scratch. « *Il m'a apprécié tout de suite, on a connecté. Il m'obéissait, je le baladais.* » Quand l'assistant familial chargé de suivre Claude s'est suicidé, l'adolescent a plongé et quitté précipitamment le foyer. *« Scratch, je ne l'ai pas revu. De ce que je sais, il s'est laissé mourir. »* Il fixe Syndelle, le cœur en vrac : *« Sa couleur, je l'ai vue tout de suite. »*

La chienne a une robe fauve, du sang malinois et un peu plus de 1 an. Elle a été trouvée par un promeneur qui l'a gardée quelques jours. Faute d'avoir su l'amadouer, il l'a confiée à la SCPA. *« Pendant trois semaines, on ne pouvait pas la toucher »*, se souvient une employée du refuge. *« Elle menaçait, elle avait peur. À elle, il faut donner de la confiance quand elle en demande. »*

Claude est venu à Carcassonne pour adopter un animal : *« Un chien, ça donne du baume au cœur. C'est un membre de la famille à part entière. Pas comme un enfant, mais pas loin. Les enfants, pour nous, ça va être compliqué. Ma femme a un handicap. On aura des animaux. On a déjà deux chats. »*

Il dégaine son portable et mitraille la chienne de photos. *« Pour envoyer à madame. »* Vincent temporise : *« On verra demain. On laisse passer la nuit. Les coups de cœur, c'est super mais c'est comme moi avec les filles. Est-ce que le lendemain matin tu reviens avec les croissants ou tu rentres chez toi ?»*

Claude fait « oui oui » de la tête mais ne voit plus que la chienne. Vincent sourit.

« Si déjà elle te plaît, c'est bien. Elle, elle a cette petite sensibilité… Elle peut t'apporter beaucoup mais toi aussi, tu vas devoir lui apporter. Il va falloir que tu te sentes capable de ça. Faut déjà voir en balade.

— *Ce qu'il faut, c'est laisser faire les choses,* glisse doucement le maître-chien, Jean-Philippe, dont le regard paternel adoucit la poigne. *Il faut lui montrer que tu es là.*

— *Je ferai tout pour qu'elle m'accepte. »*

Derrière, la référente de la marine plonge le nez dans son écharpe pour cacher les larmes qui lui viennent. Cette quadragénaire suit le dossier de Claude depuis dix-huit mois et l'accompagne sur le terrain. Soudain, le téléphone du marin-pompier vibre. Son visage s'illumine : *« C'est madame ! Elle a craqué aussi ! »*

Mathieu, lui, est ailleurs. Son regard ricoche de courette en courette :

« Celui-là, c'est comment ?

— *Diego*

— *Et l'autre ?*

— *Friandise. »*

Contrairement à Claude, il n'y a pas d'évidence pour le chasseur alpin. Dans un premier temps, il a repéré Zizou, un chien jeune, énergique et dissipé. *« Mais je l'ai senti un peu agressif et tout ce qui est agressivité, j'évite… »*

« Peut-être qu'elle est venue à moi parce qu'elle a senti que j'étais mal. Je suis sensible au bruit. Avec les aboiements, je ne me sens pas très bien. »

Le lendemain, son choix se porte finalement sur Nora. « *C'est plutôt elle qui m'a choisi. Elle est arrivée à mes pieds et s'est couchée sur le dos. J'en ai discuté avec Fred : c'est un signe de confiance. Chez elle, c'est venu très vite. Du coup, la relation est un peu bizarre, dissymétrique. Peut-être qu'elle est venue à moi parce qu'elle a senti que j'étais mal. Je suis sensible au bruit. Avec les aboiements, je ne me sens pas très bien.* »

Nora est arrivée huit mois plus tôt au refuge. Elle a moins de 3 ans et des origines incertaines. Sa physionomie évoque celle d'un berger hollandais ; sa robe, celle d'un boxer. « *Elle était avec sa sœur Abba* », se souvient une employée du refuge. « *Il y avait une procédure judiciaire. Elles étaient chez un homme qui ne s'en occupait pas. Elles n'étaient pas maltraitées mais bon… On les a trouvées dans une maison pleine d'excréments. Quand je suis allée la chercher, elle a voulu me croquer.* » Abba a été adoptée peu après son arrivée au refuge. Pas Nora.

« *C'est difficile de faire un choix* », soupire Mathieu, l'œil aspiré dans le tourbillon de bracelets qui courent à son poignet. « *J'ai un problème de décision, un gros manque de confiance. C'est pas simple.* » L'ancien chasseur alpin a l'esprit affûté et l'irrésistible drôlerie des grands désespérés. Dès le premier jour, il questionne les maîtres-chiens Fred et

Jean-Philippe, et recoupe leurs propos. « *Moi, je ne crois pas les gens sur parole. Il me faut des réponses aux pourquoi.* »

Le trentenaire vit dans un coin reculé de montagne. « *Il n'y a pas plus paumé.* » Ses deux grands-pères étaient militaires. L'un a perdu un bras à la guerre. Aîné de sa fratrie, Mathieu a grandi avec Géo, un west highland, comme dans la pub César. « *C'était un animal de famille. Mon père a toujours adoré les chiens. Dans le quartier où il vit aujourd'hui, il les connaît tous par leur nom.* »

Par la suite, Mathieu a adopté Fiona, un golden : « *J'étais en couple. On était tous les deux à l'armée. On n'aurait jamais dû s'attendrir sur ce chiot, même si j'ai passé de bons moments avec elle.* » Le montagnard avait appris à la chienne à tomber à terre en faisant la morte dès qu'il la visait avec un pistolet imaginaire. Pan ! « *Ça faisait rire tout le monde.* » Lui-même en rigole encore. Puis se rembrunit : « *Ensuite, je suis parti en mission quatre ou cinq mois.* » L'animal s'est retrouvé seul, en appartement, huit heures par jour. « *On l'a gardée huit mois et puis je l'ai donnée à mes parents. À mon père. Elle y est très bien mais je le vis comme un échec.* »

Divorcé et père de trois enfants qu'il voit « *moins qu'avant* », Mathieu s'est senti recraché par la marée le jour où il a quitté son bataillon et commencé son congé de longue durée pour maladie. Comme Claude, il a alors rompu avec la vie en collectivité et la prise en charge presque maternante de l'armée.

Pour demeurer actif, il a travaillé un temps dans le maraîchage bio. « *Le premier truc qu'on m'a demandé, ç'a été de désherber dans une serre. Désherber, à l'armée, c'était une punition. Je me suis retrouvé à quatre pattes. J'avais l'impression d'être puni*, rit-il de nouveau. *C'est seulement quand les deux patrons m'ont rejoint que je me suis dit : à l'armée, tu vois pas de chef d'unité désherber.* » Ces temps-ci, il donne des coups de main à la ferme voisine et court beaucoup : « *Par moments, faut que je me calme.* » Au refuge, Vincent l'a prévenu : Nora pourra accompagner les footings mais pas supporter l'excès.

PENSER CHIEN

—

Au cours de la première semaine de stage, les horaires s'adaptent aux humeurs et aux possibles insomnies des hommes. Syndelle et Nora dorment au refuge. Mathieu et Claude les retrouvent le matin, les nourrissent et nettoient leur courette.

Les journées s'étirent ensuite en longues balades de pleine nature sous le ciel démesurément grand de l'Aude. Une longe entortillée, une tique, du bitume sont matière à toutes sortes d'apprentissages basiques. Passés quelques jours, Mathieu et Claude commencent à éprouver ce qu'une palanquée d'études démontre : la présence d'un chien réconforte et apaise. Cette simple proximité abaisse la fréquence cardiaque de l'homme et augmente sa production d'ocytocine, l'hormone du bien-être.

« Le point clef du stage, c'est pas l'obéissance, c'est la relation entre un humain et son chien », insiste Vincent, l'employé du refuge, en décrottant ses godillots. Le quadra a été blessé en 2008 au Kosovo. Son expérience a étayé le programme. *« Il y a souvent une grosse part d'isolement dans un syndrome post-traumatique. Le but du stage, c'est de remettre en activité, remettre en mouvement. Et le chien, c'est le moteur. »*

Sans être une baguette magique, l'animal reconnecte sans secousse à l'espace et au temps. L'homme doit être attentif à ses besoins vitaux, veiller à son hygiène, le nourrir à heure fixe, lui parler, interagir et marcher avec lui. Cette attention au rythme et à la palpitation élémentaire du vivant rompt avec de longs mois d'immobilisme et de repli sur soi. Si le chien est présent, l'homme doit l'être également.

Mais la bête est là pour apprendre elle aussi. Nora et Syndelle n'ont pas le même âge ni la même expérience des humains et du danger. *« À Nora, il a d'abord fallu expliquer qu'on ne mangeait pas ses petits camarades »*, pouffe Vincent, une longe calée autour du torse en bandoulière, façon lasso. L'ancien militaire était là quand Nora est arrivée au refuge. Encore aujourd'hui, la chienne ne joue pas et aboie

« Quand ils se retrouvent en liberté, ils sont perdus. Comme un détenu à sa sortie de prison. »

peu. Elle reste sur le qui-vive, le regard taciturne, la tête qui mouline. Syndelle, elle, se montre impulsive, craintive et dissipée.

Les bêtes ne parlent pas mais se donnent à lire. Dans le milieu de la cynotechnie, on parle de *« lecture canine »*. Il faut *« penser chien, penser cyno »*, fait valoir Fred. *« Il faut que les gars discutent avec leur chien. Qu'ils se disent ce qu'ils ont à se dire »*, abonde son compère Jean-Philippe. En cette première semaine, il s'agit de décrypter les animaux, d'interpréter leurs réactions, de repérer leurs systématismes pour comprendre leur câblage émotionnel.

Encore faut-il que les bêtes y mettent du leur. Car l'enfermement les a comme éloignées d'elles-mêmes. Nora et Syndelle ont passé des mois en courette. *« Un petit espace clos où il se passe toujours la même chose, aux mêmes heures. C'est un environnement bruyant, même la nuit. C'est très fatigant »*, souligne Fred au deuxième jour de stage. *« Il faut que les chiens s'habituent à vivre à nouveau dans un espace ouvert. Quand ils se retrouvent en liberté, ils sont perdus. Comme un détenu à sa sortie de prison. »*

« Bon, on y va ou on chiale ? », sourit Mathieu, résolu à laisser à Nora le temps de refaire surface. Dans le splendide paysage du lac de la Cavayère, pins parasols et cyprès distillent une odeur de sève.

Nora se défoule et s'ébroue près de la berge. Elle fouille un fourré, oblique en direction du lac, puis scrute d'un regard éteint les 40 hectares de vallons et de pinède. Surnommé « Carca plage », ce coin est né des flammes. À l'endroit où s'ébat la chienne, un incendie a dévasté les résineux trente-sept ans plus tôt. Mais ça, Nora s'en fout. Trouver un surplomb stable d'où sauter dans l'eau l'occupe davantage. *« Rappelle-la. Y a deux gros chiens là-bas »*, veille Jean-Philippe. Mathieu hèle Nora qui le fixe une seconde d'un regard flou. L'ancien chasseur alpin murmure : *« Des fois, elle me regarde, c'est comme si elle me demandait : "T'es qui" ? »*

« Courez jusqu'à la sortie, encouragez les chiens à se caler sur votre foulée », lance soudain le maître-chien. Syndelle détale et rejoint Nora. *« Sa codétenue »*, comme dit Mathieu. *« Sa copine »*, préfère le grand Claude, à qui l'air frais embrase les joues. Le marin-pompier court, dégingandé, derrière la chienne et éclate d'un rire qui perce entre les bourrasques. À cette heure, il hésite encore sur le surnom qu'il aimerait trouver à Syndelle. Il s'en tient pour le moment au « Pépète » décerné par Vincent, à qui Claude emprunte aussi depuis peu l'expression *« c'est Bagdad »* pour qualifier tout ce qui déconne.

LES IDÉES NOIRES

—

« À ce moment, j'en avais marre. J'avais envie que ça s'arrête », confie Mathieu quelques semaines plus tard en torpillant un Schweppes agrume dans le décor standard du bungalow Quéribus. Au camping de Carcassonne, les logements portent tous des noms de châteaux cathares. *« Faire attention aux gens, à tout, j'étais mal. Ça faisait longtemps que j'avais pas été concentré comme ça. À penser à rien d'autre. Qu'au chien. »* L'ancien chasseur alpin met un point d'honneur à ne pas faire de crise en public. *« Mais putain, j'étais mal. Plein de fois au cours du stage, je me suis dit : j'arrête. Au fond de moi, je me disais : de toute façon, je ne reviens pas. C'était clair et net. »*

Mathieu est arrivé au stage avec des *« idées noires, noir bouillon »*, et sans la certitude d'avoir assez de place dans sa vie pour un chien. « *J'ai l'impression que tout ce qui est dépression ou mal-être extrême dans notre existence d'être humain est obligatoire. Mais c'est quand même très désagréable de se poser la question : qu'est-ce que je fais là ? Est-ce que ça vaut le coup de travailler ? Puisqu'à la fin, forcément, on finit tous pareil, dans une tombe, est-ce que ça vaut vraiment le coup d'aller jusqu'au bout ?* »

Mathieu fait rouler ses bracelets, fixe le vide d'un œil absent, puis rajuste le pli de son survêtement rouge fourni par Terre Fraternité, association créée en soutien aux blessés de l'armée de terre, mécène du programme avec l'Entraide marine. L'évocation de ses enfants le ramène finalement à lui : « *À chaque fois, je me dis que je reste pour eux. Heureusement qu'ils sont là parce que je pense que je serais parti.* » Très vite, il a surnommé Nora « No ».

L'IMPRESSION DE MOURIR

—

Loïc est un ancien infirmier du service de santé des armées. Cet élégant citadin de région parisienne a rejoint le programme « Arion » non pas pour adopter un chien mais pour adoucir le quotidien qu'il partage avec Darky, magnifique molosse de 39 kilos.

Robe chocolat et regard clair, Darky est issu du croisement volcanique entre un labrador et un dogue argentin. L'animal amuse par sa démarche mais impressionne par sa carrure. Il est réputé difficile. Fred estime qu'il a juste du caractère. *« Ça va être un autre travail »*, annonce le maître-chien. *« C'est comme un couple qui ne se retrouve plus et qui voit un spécialiste pour rééquilibrer la relation. »* Dans un premier temps, il s'agit pour Fred de cerner la manière dont le chien interprète son humain.

Loïc était en Afghanistan comme Mathieu. Il est rentré en 2011. *« Pendant quatre ans, j'ai continué à travailler. J'avais des idées noires, des tensions au boulot, des cauchemars tout le temps. Pendant une période, je travaillais de nuit comme infirmier militaire et de jour dans un laboratoire pour échapper au sommeil. À l'époque, je faisais aussi de la capoeira et de la boxe anglaise. Dès que j'étais inactif, j'avais l'impression de mourir. »* En 2015, Loïc fait une tentative de suicide. Son stress post-traumatique est diagnostiqué. À sa sortie de l'hôpital, il adopte un premier chien, Fox. *« Un chien de refuge très doux, très calme. Tout le contraire de Darky. »* En septembre 2020, Fox meurt. Loïc décompense. Il est hospitalisé pendant deux mois.

À sa sortie, Loïc tombe sur l'annonce d'une association du Val-de-Marne en quête d'une famille d'accueil pour un chien de fourrière à cinq jours de l'euthanasie. *« Darky, je l'ai aimé tout de suite »*, vibre l'ancien infirmier devant son infusion ayurvédique. Le trentenaire connaît peu de choses de l'histoire du chien. Seulement qu'il est son troisième maître et que le premier portait un bracelet électronique. À l'époque, le chien s'appelait Narco.

Loïc estime que Darky est *« un moteur »* dans sa vie : *« Avec lui, j'ai recommencé le sport. Pour la dépense. En vélo, je fais 20 kilomètres par jour. Avant je le faisais deux fois par jour mais j'ai arrêté. Darky développait de la masse musculaire, je n'arrivais plus à le tenir. C'est un chien qui a beaucoup d'enthousiasme. Il est grand, il prend de la place. Presque trop. Il a une aura. »*

Sous un soleil bienvenu après trois jours de crachin, le canal du Midi prend des allures de carte postale. Sur le chemin de halage qui longe la berge, Darky plastronne entre maître et maître-chien. Grand habitué du bois de Vincennes, l'animal est hyperstimulé par l'environnement fluvial. Il trépigne au bout de sa longe et scande le moindre silence d'un halètement sonore. Il zieute, tire, flaire, se fige au passage d'une péniche ou devant des ronds dans l'eau. *« J'ai mal aux mains à force de le retenir »*, grimace Loïc.

« Raccourcis un peu », « c'est à lui de venir chercher la caresse », « rappelle-le »... Attentif à l'imperceptible, Fred ajuste le plus petit mouvement. Darky obéit d'abord puis se déconcentre. Il monte sur une table. Réprimandé, le chien jette son dévolu sur un caillou : *« Ah ! Un chien archéologue ! »*, raille Fred.

Aux yeux du maître-chien, Darky ne sait pas communiquer. Il ne sait pas jouer non plus. *« Ce matin, dans le hangar, on l'a laissé en liberté sans rien dire. Le chien a fait dix fois le tour puis est revenu. Il est drôle, il fait rire les autres, mais il n'est pas joyeux. Il n'a même pas croqué sa balle, il a pris un caillou. À chaque fois, il grogne et montre que, quand il a un caillou dans sa gueule, il ne faut pas le lui reprendre.* » Fred soupire. « *La joie, c'est pas que ça s'apprend, mais ça s'instaure. Si Loïc peut se détendre, le chien va se détendre aussi.* »

Pour le cynotechnicien, Darky est un chien que les humains ont toujours cherché à contenir. L'animal est massif. Sa morsure est dite *grab bite* en anglais. Littéralement : agrippante. Une fois que le chien a refermé ses mâchoires, il ne lâche plus. « *À Paris, Loïc est toujours en train de le contraindre. Le chien veut exploser. Et son maître est en hypervigilance. L'animal le sent, se tend, pense qu'il peut y avoir un problème et anticipe le danger. Il se met à avoir des yeux partout. Il y a un effet miroir.* »

Au quotidien, Loïc sort peu, commande ses repas sur Deliveroo et évite la foule : « *Le bois de Vincennes, j'y vais quand y a personne.* » Depuis son arrivée à Carcassonne, l'infirmier se dit plus serein. Il a troqué la laisse contre une longe. Son chien jouit de plus de mouvement.

En rentrant au camping ce jour-là, Fred propose une halte dans une clairière. Au loin ronronne la départementale sur fond d'oiseaux de printemps. Plus loin encore, la montagne noire qui sépare Castres de Carcassonne. « *On fait un peu comme ce*

L’animal amuse
par sa démarche
mais impressionne
par sa carrure.
Le chien est réputé
difficile. Fred estime
qu’il a juste du
caractère.

matin, tu essaies de lui apprendre à jouer », propose le maître-chien.

Loïc agite une balle sous le nez de son molosse. Darky demeure impassible, babines tombantes. Fred encourage le maître à moduler sa voix, avec suffisamment d'aigus et de conviction. Mais le trentenaire est à la peine et le dogue, indolent. Le maître-chien suggère à Loïc d'aller se cacher dans un bosquet. D'abord indifférent, le chien finit par se lever. Il débusque l'homme cent mètres plus loin.

« Bravo Darky ! C'est bien mon chien ! C'est très bien !

— Un "bien" suffit. Attention aux cailloux à tes pieds. Contourne-les, comme tu fais à Paris, avec les passants. S'il prend un caillou après tout le travail qu'on vient de faire, tu ne pourras pas le lui reprendre et il aura gagné. »

Mais Darky le devance et abat ses crocs sur une caillasse.

« Non, non, non, non, Darky ! se fâche Loïc.

— Rentre pas dans la colère, sinon il va monter. »

Loïc a les yeux cernés.

« Ce qu'il faut, c'est remplacer le caillou par une balle, conclut Fred. *Qu'il comprenne que s'il accepte de lâcher sa pierre, il pourra avoir des échanges plus intéressants avec toi. Il faut que tu fasses confiance à la mémoire de*

ton chien. Maintenant, reste tranquille. Si tu te sens de le faire jouer avec la balle, tu le fais, sinon tu m'attends. »

À peine rentré au bungalow, Darky se dégote une énième pierraille. Loïc cogite. Il mesure depuis quelques jours combien son chien est tendu. Darky est-il heureux ? « *J'espère. Je ne sais pas. Fred dit que je dois lui apprendre à jouer. Comment tu apprends à jouer à un chien ?* » L'infirmier secoue la tête. « *Fred me dit : "Sois plus joyeux." Je suis sous antidépresseur, je fais comment pour la joie ?* »

Depuis qu'il est en congé de longue durée pour maladie, Loïc a découvert la concentration et la puissance du théâtre. À table, il parle de *La Mouette* de Tchekhov, et du personnage d'Arnolphe dans *L'École des femmes* comme d'un vieux compagnon. Il raconte aussi *Syndrome de Stockholm*, « *un texte contemporain qui dépeint un monde dystopique où il est obligatoire d'être heureux* ».

Pour le maître-chien, « *c'est brouillon* » dans la tête de Darky. Loïc sourit. « *Dans la mienne, y a peu de choses qui ne le sont pas. J'ai l'impression qu'on se ressemble de plus en plus. Je pense que ça a toujours été là. C'est le chemin que je parcours qui fait que je m'en rends compte. Quand Fred dit certaines choses sur le chien, je me dis : c'est de moi que ça parle.* »

Loïc a la Ray-Ban opaque et une plastique

avantageuse. Le jeune homme travaille ponctuellement comme mannequin et joue parfois dans des films publicitaires. Dans cet exercice, il se sent en maîtrise. *« Y a un début, y a une fin. On me dit quoi faire. J'ai pas plus de questions à me poser que ça. »* Sur Instagram, il a plusieurs milliers de *followers*. *« Ça, c'est la vitrine. Pour le quotidien, j'ai pas d'organisation. Je prends ce qui vient. »*

Darky s'est figé et fixe son maître d'un regard polaire. *« C'est comme s'il entendait mes pensées. Ça fait du bruit. Comment faire taire tout ça ? Ce vélo dans ma tête. »* Le soir tombe. L'humidité charge l'air d'une odeur d'humus. Loïc relève le nez en direction des arbres : *« Les oiseaux, ici, c'est non-stop, ils chantent même la nuit. »* Darky a lâché sa caillasse et se roule sous un troène, gueule béante. *« Je suis trop dans le contrôle. Lui, il m'oblige à être authentique. À m'engager dans ce que je fais. À arrêter de trop penser, d'anticiper ou de chercher à savoir comment les choses pourraient mal se passer. »*

INCASSABLE

—

« On a tous des cauchemars, on est tous sous cachets. » Claude soupire dans sa veste de marin-pompier. À Carcassonne, le sujet des traitements revient souvent. *« C'est finalement les mêmes que pour les schizos, les dépressions et les syndromes anxio-dépressifs »*, constate Loïc. Mathieu parle de *« Motivex »* et de *« Moralium »*.

Tous trois partagent les mêmes hésitations. Que dire et que taire à leur psy ? *« On est dans un monde rationnel. Si tu dis que tu perçois des bruits ou des choses que les autres ne perçoivent pas, on va te répondre que tu as des hallucinations. Et on va te rajouter des gouttes »*, redoute Loïc. Attablé sous un figuier du camping, il étire ses grandes jambes et se détend une seconde. *« Je suis en hypervigilance tout le temps. Mes sens sont aiguisés. J'entends mieux, je sens mieux. C'est comme si la blessure avait ouvert les choses.* » Il tend son poignet : « *Sur ma montre, je n'ai plus de trotteuse parce que sinon je l'entends dans toute la maison. C'est pareil pour les bruits de fond : les moustiques, la télé… Si tu scotches dessus, c'est la merde. Je n'en ai jamais parlé à mon doc. En discutant avec les autres, j'apprends à vivre avec.* »

Loïc peine aussi à expliquer ses sautes d'humeur. La blessure psychique est invisible, « *les gens ne me croient pas vraiment* ». Claude fulmine : « *On a tous eu le regard de collègues qui se disent que t'es nul. Moi, on m'a dit : "T'es pompier, c'est ton métier d'encaisser." Mais quand t'es pas préparé psychologiquement à voir certaines choses, tu ne peux pas continuer à fonctionner.* » Sur la terrasse de son bungalow, le marin ressasse : « *Je me suis toujours figuré que j'étais un "warrior". Et puis y a un moment où tu te dis : en fait, non.* »

Au sein d'une armée qui valorise les durs à cuire et un modèle d'homme incassable, « *le blessé doit gérer avec sa honte* », déplore Fred, le maître-chien. Mathieu garde un souvenir flou du sas de décompression mis en place par l'armée en 2009 pour les militaires rentrant d'Afghanistan. Trois jours dans un bel hôtel à Chypre pour évacuer le stress, faire baisser le niveau de vigilance et préparer le retour dans la famille. « *Le sas, c'est bien pour perdre ses habitudes : celle d'avoir toujours ton arme, d'être toujours méfiant, toujours actif. Mais à ce moment, tu n'as qu'une seule idée : rentrer chez toi. Quand tu arrives à Chypre, c'est pour te bourrer la gueule. Tu vas pas voir un psychologue* », ironise-t-il.

L'ancien chasseur alpin a été traumatisé en 2010 mais placé en arrêt maladie seulement en 2019. Il lui a fallu du temps avant de consulter le psychologue de son bataillon. Il en garde un mauvais souvenir. En revanche, un stage organisé par la cellule d'aide aux blessés auquel il a assisté des années plus tard l'a marqué : « *Une intervenante de l'institut de recherche biomédicale des armées a expliqué qu'un état de stress post-traumatique se voyait sur les images. Elle nous a montré des IRM. C'était vrai !* » Mathieu rit, les yeux hallucinés : « *Toi, tu tiens pendant des mois ! Tu fermes ta gueule avec ton chef mais ça se voit, un état de stress post-traumatique ! Après la conférence, on voulait tous passer une IRM.* »

SAINT ROCH

—

« *Foxtrot, Tango, Roméo…* » Au bungalow Aguilar, les maîtres-chiens d'Arion se dictent le mot de passe du wi-fi en alphabet radio international. Jean-Philippe et Fred se connaissent depuis pas loin de trente ans et, sur la plupart des sujets, s'accordent sans paroles.

« Jean-Phi » et son indéboulonnable gaîté ont connu le prestige et l'âpreté des forces spéciales. Commando marine, il a participé à une poignée d'« opex » – ces opérations militaires menées hors du territoire national. En 2007-2008, dans le cadre de l'opération « Licorne », Jean-Philippe a été envoyé en Côte d'Ivoire en tant que maître-chien avec un malinois nommé Loyson. Au retour, un amiral a décoré le chien.

Au camping, les deux cynotechniciens font tourner la vie collective et préparent les repas en binôme. L'ancien commando a apporté ses casseroles personnelles et concocte des spécialités délicieusement régressives : poulet fafa d'inspiration polynésienne, pâtes carbonara, escalope à la crème… À table, les mines sont parfois fatiguées mais l'appétit, toujours ouvert.

Après dîner, les maîtres-chiens aromatisent le débrief de la journée d'une goutte de rhum. *« Et par saint Roch, vive la cyno ! »*, trinquent-ils en référence au saint patron des maîtres-chiens, pèlerin du bas Moyen Âge qui soignait les pestiférés et attrapa lui-même la maladie. On raconte que, isolé dans un bois où il pensait mourir, saint Roch a survécu grâce au secours d'un chien qui lui portait chaque jour un petit pain dérobé à la table de son maître. L'expression *« saint Roch et son chien »* qualifie, depuis, deux êtres devenus inséparables. *« Chez les cynos, quand un chien meurt, on dit qu'il part rejoindre saint Roch »*, s'émeut Jean-Philippe.

Les premiers temps du stage ont dérouté le maître-chien. Il ne s'attendait pas à tomber sur *« des gamins »* comme Claude, Loïc ou Mathieu et avait du stress post-traumatique une image de films américains. Il pensait rencontrer des genres de GI rentrant du Viêtnam, Rambo déboussolés qui dégoupillent à tout-va. Or, pour l'armée, Mathieu, Claude et Loïc sont dits « *stabilisés* », terme qui ne précise d'ailleurs en rien s'ils sont en voie de guérison, de rémission ou s'ils contiennent simplement mieux l'intrus dans leur tête.

« *Aujourd'hui, Mathieu a lâché Nora sans sa longe. La chienne l'écoute, elle revient. Claude a dit qu'il aimerait faire pareil.*

— *Il n'a pas encore compris qu'ils n'avaient pas les mêmes chiens.*

— *Ni que la chienne avait besoin de lui…* »

« CALL OF DUTY »

—

En trente ans d'armée, Fred et Jean-Philippe ont formé vingt à vingt-cinq chiens chacun et assisté à plusieurs révolutions chez les hommes comme chez les bêtes. Géopolitique et actualité internationale ont transformé le métier : « *Avec la montée en puissance de la piraterie, du narcotrafic aux Antilles et du terrorisme à partir des années 2000, les commandos marines se sont mis à être vraiment sollicités* », se souvient Fred. Au contact des forces spéciales américaines, israéliennes et anglaises, les Français ont pris conscience de l'utilité de l'animal en opération. L'image du chien a été revalorisée. Celle des cynos aussi. « *Avant, un commando crachait sur les maîtres-chiens, maintenant, y a des chiens dans les commandos* », sourit Fred.

Avec la fin du service militaire obligatoire en 2001, Fred a vu disparaître les appelés et leur mixité sociale. L'armée est devenue professionnelle et s'est mise à recruter. En dehors du territoire national, les opérations militaires se sont succédé et les campagnes de recrutement sur les réseaux sociaux ont pris des airs de *Call of Duty*. Selon un rapport de la Cour des comptes, le montant moyen de l'indemnité de sujétion pour service à l'étranger représentait 35 000 euros par militaire et par an en 2015. Soit 1,9 à 2,3 fois la rémunération habituelle des militaires en fonction du grade et des situations familiales.

« Toute une population est arrivée des quartiers populaires et d'endroits où il y avait du chômage. Beaucoup venaient sans bagage et sans savoir ce qu'était l'armée. Ils entraient dans l'idée de se former et d'être payés, de passer des permis que le civil ne leur permettait pas de passer. Pas pour le drapeau. Pour certains, c'était l'école de la dernière chance. » À l'époque, Fred était chef de chenil : *« Pour moi, ça a amené du travail supplémentaire, qui était plus social. Ces gars connaissaient moins le chien. »*

L'Irak, le Kosovo, l'Afghanistan… Depuis la France, les guerres semblent lointaines mais elles soumettent les soldats à un niveau de violence

« Toute une population est arrivée des quartiers populaires et d'endroits où il y avait du chômage. Beaucoup venaient sans bagage et sans savoir ce qu'était l'armée. »

et de stress opérationnel intense. Entre 2010 et 2019, l'armée française comptait cinq fois plus de blessés psychiques que de blessés physiques. En 2014 a débuté l'opération « Barkhane » au Sahel. À l'évocation de certains jeunes partis en mission, Fred soupire : « *Quand on te dit que tu vas libérer le Mali du terrorisme et que les Maliens vont t'accueillir à bras ouverts, tu as l'impression que tu vas donner un sens à ta vie et au monde. Que tu vas faire reculer le chaos. Mais sur le terrain, la réalité est tout autre.* »

POM'POTE

—

« On part pour la journée. On va marcher 25 bornes », ironise Vincent. Godillot, treillis et truculence en étendard, l'employé du refuge est fin prêt. Devant le bungalow Aguilar, chacun bourre son sandwich de protéines et attrape sa Pom'Pote. *« On va essayer de lâcher les chiens. Concentrez-vous sur la laisse invisible. Faudra faire attention, y aura d'un côté la forêt, de l'autre le vide. »*

À une dizaine de kilomètres à l'ouest de Carcassonne, le plateau d'Aragon est un petit paradis qui fleure le thym et la menthe sauvage. En avril, ses sentiers sont constellés d'asperges et d'iris. À l'avant, les longes serpentent au sol. Syndelle talonne Nora. Perché sur ses grandes jambes, Claude râle et transpire. Il aimerait que la chienne s'attache davantage à lui, se détourne de *« sa copine »* et de Vincent dont elle est encore imprégnée. Le marin-pompier voudrait aussi qu'elle se baigne dans la rivière en contrebas. *« Chez moi y a la mer partout. J'habite sur une pointe. Il faut qu'elle apprenne. »* En attendant, c'est Claude qui a appris à coudre pour réparer la banquette du bungalow grignoté par Syndelle. Loïc, lui, rayonne dans son survêt'. La veille, l'infirmier a promené son chien dans une zone urbaine où il n'aurait jamais osé s'aventurer sans Fred. Il y est allé pour Darky. Il a ensuite lâché l'animal : *« Il est revenu ! J'aurais jamais cru. Quand je vais bien, il va bien. Faut que je travaille là-dessus. »*

Ce premier stage s'achève.

La semaine suivante est dite « de réflexion ». Une fois rentrés chez eux, Mathieu et Claude auront à évaluer leur envie profonde d'adopter un chien et à réfléchir aux conditions de vie future de l'animal. *« Le premier stage, c'était la semaine cœur. Le deuxième stage, ce sera la semaine tête. Le troisième, la semaine corps »*, annonce Vincent au refuge.

Les trois stagiaires appréhendent le retour chez eux. *« Le plus difficile pour Loïc, ça va être la semaine prochaine à Paris*, prédit Fred. *Darky va se rendre compte qu'il rentre à la maison »*. À l'heure de remettre Nora et Syndelle en courette et de les y laisser pour la semaine, Mathieu triture ses bracelets et regarde ailleurs. À côté, Claude tangue, tête basse, cœur serré.

À son propos, Jean-Philippe est incertain. Il trouve le jeune marin *« dépendant et immature »* : *« Il se déconcentre, oublie sa chienne. Au milieu de la promenade, il décroche et ne la regarde plus. »* Quant à Mathieu, les maîtres-chiens sont perplexes. Jean-Philippe a trouvé l'ancien chasseur alpin nerveux et un peu brusque sur certains exercices. *« C'est sa manière de faire qui ne m'a pas plu. »* Fred, lui, maintient le cap : *« Ce que je veux, c'est un maître capable de s'occuper de son animal. Hors de question de devoir récupérer les animaux dans une fourrière à l'autre bout de la France. »*

RAYON SURGELÉS

—

En retrouvant Claude, Mathieu et Loïc une semaine plus tard, Fred savoure : « *Déjà, ils reviennent. Certains ont fait huit heures de route. Ils sont là.* » À compter du deuxième stage, hommes et chiens ne se séparent plus et dorment ensemble au camping. Le travail de lecture canine s'affine. Les exercices se corsent.

Une formation de logisticien a permis à Claude de faire passer la semaine plus vite. Il a pensé à Syndelle tous les jours. « *J'ai même fait un rêve. J'étais chez moi, avec elle, Scratch et madame.* » Le marin pompier mime la scène en dérivant dans les allées du Leclerc où la petite troupe fait le plein. « *On était tous les quatre posés, on était bien.* » Sauf que son rêve s'est vite transformé en cauchemar et que, dans son sommeil, il a failli mettre une baffe à madame. « *Quand je me suis réveillé, ma femme a dit que ça allait aller. Elle m'a pris dans ses bras.* » Et Claude de reprendre sa marche et son caddie, rayon surgelés.

Quand les chiens déboulent au camping, le gaillard respire enfin. Jean-Philippe trouve à Syndelle « *un regard qu'elle n'avait pas l'autre fois* » : « *Quelque chose de malicieux. Et puis tu regardes le fouet* [la queue, ndle], *ça ne trompe pas.* »

Mathieu, lui, s'interroge : « *Le refuge, c'est un mélange d'hôpital psychiatrique et de prison. Hôpital, parce que les chiens ont des problèmes psychologiques. Prison, parce qu'on les enferme pour leur comportement. Mais s'ils ont fait du mal à cause de leurs problèmes psychologiques ?* »

Claude a aussi beaucoup pensé aux conditions de vie carcérales de sa jeune chienne. « *C'est valable pour nous deux.* » Depuis deux ans, le jeune homme ne voit plus personne et s'oublie dans les jeux vidéo : « *Parfois, je commence à 16 heures et je joue jusqu'à 2 ou 3 heures du matin. Des jeux de guerre en ligne surtout.* » La sédentarité et les médicaments lui ont fait prendre du poids. En regardant une photo sur laquelle il pose torse nu entre deux haltères, la nostalgie le gagne : « *Avant, j'étais toujours à la salle.* » Depuis l'accident, il est passé « *du tout sport à plus rien »* : « *Quand tu ne dors pas la nuit, en journée, t'es pas en état de faire du sport de toute façon.* »

Sa semaine de réflexion l'a amené à changer de perspective. Le stagiaire désire désormais adopter Syndelle pour lui et non pour l'équilibre de son foyer. Il entend s'occuper seul de la chienne et envisage de vendre sa moto. Dans les exercices, le marin-pompier se montre plus appliqué que durant la première semaine mais se désole encore du manque d'attention de la chienne à son égard. Il s'en remet aux conseils des maîtres-chiens et attend que ça vienne.

LA GUERRIÈRE DES ÉTOILES

—

Cristopher a la petite trentaine, une silhouette gracile et de grands yeux doux. Engagé en 2007, il a été blessé en opex : « *En Afrique, j'ai vécu des trucs durs.* » En avril 2021, il a été un des deux premiers à expérimenter le programme de médiation canine. Mathieu, Loïc et Claude, qui le rencontrent pour la première fois, lui ont décerné le titre d'« *ambassadeur* » d'Arion.

Fred se souvient encore de l'arrivée du jeune homme à Carcassonne l'année précédente : « *On l'attendait depuis le matin. Il est arrivé l'après-midi. Au lieu de descendre de voiture, il est reparti faire des courses. Il est revenu une heure plus tard et il a tendu un papier sur lequel il avait écrit "je parlerai pas".* »

En 2021, Cristopher s'est pris d'amitié pour Ruby, puissante femelle bringée d'un an et demi. Leur trajectoire a été jugée suffisamment prometteuse pour que le programme « Arion » soit renouvelé en 2022. Cristopher et Ruby rejoignent cette seconde édition *« pour une remise à niveau »*, dixit Fred. *« On voit bien qu'on a un chien calme, stable, équilibré et qui va bien »*, établit Vincent, du refuge. Il n'avait pas revu Ruby depuis son adoption.

Dans son bungalow, Cristopher déplie une couette Star Wars pour y installer sa chienne : *« C'est une guerrière des étoiles. »* Devant sa gamelle de pâté bio, Ruby s'immobilise. Suspendue au regard de son maître, elle attend le signal pour manger. *« Je lui apprends à ne plus bouger. On fait notre petite prière en même temps au moment des repas. »* Comme Loïc, Cristopher a développé une vie spirituelle intense. Il est aussi devenu végétarien, lit beaucoup et passe pas mal de temps sur écran. À l'issue de son stage, l'an passé, le retour à la maison a été compliqué : *« J'étais pas trop à l'aise et la chienne ne l'était pas non plus. J'ai essayé d'écouter les conseils, de rester sur une dynamique ascendante. »*

Le programme « Arion » prévoit un accompagnement cynotechnique dans la durée. Depuis un an, Cristopher reçoit la visite mensuelle de Fred à son domicile. « *Au début, le contact était difficile entre le maître et le chien. Cristopher vit dans un hameau de 40 habitants. La chienne partait. Ils se sont vraiment trouvés et ajustés l'un à l'autre à partir de septembre.* » Cinq mois après le stage. « *Fred, c'est un ami. Il m'a vachement aidé* », affirme Cristopher, pour qui l'adjudant-chef « *vit avec un chien dans sa tête* ».

L'année de crise sanitaire a été rude pour le trentenaire, malgré la présence de la chienne : « *Je ne me suis pas lavé pendant trois mois. J'y arrivais pas.*

« Les graines ont germé. Certaines étaient pourtant vieilles de quelques années. »

J'étais mal. Là, ça va mieux. Je jardine. J'ai planté des graines de tomate, des piments, de la coriandre, des épinards-fraises. Les graines ont germé. Certaines étaient pourtant vieilles de quelques années. C'est que c'était le moment. » Le jeune homme entend « *saisir toutes les occasions de guérison* » : « *Avec Ruby, je fais du sport, je bouge.* » Il s'est aussi passionné pour le tissage à l'ancienne découvert chez un artisan en Bretagne. « *J'avais presque envie de faire ça en reconversion. Mais, un bon tisserand, il faut sept ans pour apprendre.* »

Ces temps-ci, quand il se sent flancher, Cristopher a un truc « *pour ne plus penser que tout le monde va sortir une arme* » : « *Je crée une bulle autour de moi. Là, par exemple, je suis dans une bulle violette. Tout va bien. Il ne peut rien arriver.* » Il sourit : « *Avant, je pensais qu'il fallait y mettre Ruby. J'en ai parlé à Fred mais il dit que Ruby, elle a déjà sa bulle.* »

LE TANKISTE

—

Ce deuxième stage voit aussi débarquer Florian et sa chienne Red. À l'instar de Loïc et Cristopher, Florian, la petite quarantaine, est venu pour une semaine d'éducation canine. C'est un ancien tankiste et d'après Fred, « *les tankistes sont toujours des gars réfléchis* ». Émacié, le sourire avalé par la barbe, Florian parle à voix lente. Il vit dans un coin de nature, à l'abri du monde, avec femme, enfants, chats, chiens, ruches et poules. « *Maintenant c'est un peu l'Ehpad des poules mais, quand même, on va pas les zigouiller.* »

Red est une jeune bergère allemande qui a grandi dans les forêts de l'est de la France avec la fâcheuse tendance à fuguer dans les bois. Son maître est venu avec elle à Carcassonne car il aimerait être davantage écouté. « *Elle est caaaalme, ta chienne* », lui fait-on remarquer. « *Je lui ai donné deux Lexomil. J'avais pas compris que c'était pour moi* », plaisante le tankiste.

« *Le premier travail va être de les accorder* », annonce Fred en désignant Red et Darky. L'exercice du jour consiste à aider le molosse parisien à communiquer avec Red, de moitié plus petite. L'idée est de mettre les chiens en présence sans qu'aucun d'eux ne sorte les crocs. Tout le monde doit faire confiance à tout le monde. Côté homme comme côté bête.

À la manœuvre, Fred s'adresse indifféremment aux deux. « *Toi, Florian, tu marches. Tu fais comme d'habitude… C'est bien, Darky…* » Fred tient Darky très court mais laisse Red entièrement libre de ses mouvements. Il s'agit de contenir les assauts du dogue. Red reste méfiante, dans les jambes de son maître. « *C'est comme quand tu as un copain brutal. Tu t'écartes, t'as pas envie de te prendre des coups* », traduit Fred. « *Il faut apprendre à Darky à respecter l'autre.* »

Arrimé à la longe, le maître-chien donne un peu de lest à Darky qui profite de chaque mètre gagné pour tenter de charger Red. Bouillonnant, il court, pile, repart en trombe, les oreilles fouettées par le vent. À quelques pas de lui, Loïc observe son chien

« C'est comme quand tu as un copain brutal. Tu t'écartes, t'as pas envie de te prendre des coups. »

glapir, l'excitation au plafond. « *Doucement* », pondère Fred.

Le vent charrie la voix de Claude qui peste sur le terrain d'à côté mais pas question de se déconcentrer. Le moment est délicat : les hommes doivent rester assez proches des chiens pour pouvoir intervenir si ces derniers s'attaquent, mais il ne faut pas non plus les inquiéter ni leur communiquer de tension sous peine de les voir se mettre sur la défensive. « *Oubliez pas de tourner et de vous intercaler entre eux. Il faut que ce soit toujours un homme, un chien, un homme, un chien…* », insiste Fred.

Électrisé, Darky court, dérape, s'écrase contre le grillage, et revient. Il faut lui laisser le temps de se calmer, de réfléchir jusqu'à trouver un moyen d'approcher sa congénère sans la braquer. Au bout d'une heure de cavalcade, Darky commence à redescendre. Il décrit de grandes voltes autour de Red, se roule, piaille encore mais s'adoucit désormais aux abords de la chienne. « *Voilà, faut laisser faire*, encourage Fred. *Ils sont pas bêtes vos chiens, ils ont leurs codes.* » À Florian, le maître de Red : « *Ta chienne, elle fait la médiatrice, elle attend que l'autre y soit. Regarde. Voilà…* »

Au bout d'une heure et demie, Red et Darky courent et tournoient enfin ensemble dans la prairie.

« Rappelez-les sans tirer, pour ne pas qu'ils se mordent », lance Fred.

La séance se conclut par un court exercice d'obéissance : *« On apprend à Darky que c'est pas parce qu'il y a des chiens intéressants à ses yeux qu'il ne doit plus revenir au pied. »*

Hommes et bêtes quittent le terrain. Darky est toujours chaud mais Red est entrée dans la danse et, pour la première fois, vient titiller le molosse pour l'inciter à jouer. Loïc est ému : *« Darky a jamais vraiment eu de copains. À chaque fois que j'ai essayé, il a eu des réactions trop brusques. Il tente toujours de dominer. Si l'autre chien se soumet, c'est bon, sinon c'est l'escalade.*

— *J'aime trop les voir comme ça*, murmure Florian.

— *C'est là que tu vois le chien »*, sourit Fred.

Le moment s'éternise à regarder jouer les bêtes. Le cynotechnicien conclut : *« C'est bien. Très, très bien. Maintenant, faites confiance à votre chien. Pensez que si vous commencez à vous inquiéter, ils peuvent se dire qu'il y a un problème. On a fait 50 % du travail de la semaine. Maintenant, ils s'entendent. Le reste va se faire tranquillement. »*

L'EFFET MIROIR

—

Pendant que Red et Darky s'acoquinent pour de bon, l'ambiance se tend entre Syndelle, Ruby et Nora. « *Les chiens se sont bagarrés, j'étais pas du tout rassuré* », soupire Mathieu en triturant nerveusement ses bracelets. Il est parti prendre l'air pour se calmer et réfléchir. « *Quand il y a de l'agressivité, je reste figé. Y a le voile blanc, y a plus rien. Je sais même pas ce qui se passe. Et après y a la haine et la colère qui montent. Je fais pareil chez moi quand je sens que ça monte, j'ai peur de ma réaction, d'être figé et de pas pouvoir réagir.* »

Le chasseur alpin perçoit comme un écho entre sa chienne et lui : « *J'ai toujours fait semblant dans ma vie. J'ai jamais pété les plombs devant tout le monde. Comment dire ? Je suis discret. Elle, elle montre. Elle donne, elle exprime…* » Il sourit derrière sa barbe blonde qui roussit au crépuscule : « *J'ai l'impression de découvrir des trucs sur moi avec elle. Pendant la bagarre, je l'observais et je me disais : en fait, c'est moi ; elle est en train de dire ce que je cache.* »

Le matin suivant, Claude se lève, chamboulé et reconnaissant envers Syndelle. La chienne s'est préoccupée de lui alors qu'un cauchemar plombait sa nuit : « *Je me suis réveillé vers 3 heures du matin et j'ai bondi dans le lit. Elle était déjà là. Je l'ai prise dans mes bras, je lui ai dit merci. Elle a vu que ça allait. Elle est repartie.* »

Fred accueille la nouvelle sans ciller mais Jean-Philippe semble préoccupé. Si Claude évoque ses cauchemars au psychiatre, celui-ci pourrait augmenter les doses prescrites. « *Faudrait pas perdre Claude. Faut qu'il soit là* », maintient le cyno. « *Les traitements, ça te casse en deux et ça prend sur les nerfs. Avec la chienne, j'espère pouvoir en enlever un peu ou, au moins, avoir des cachets moins forts* », s'épanche l'ancien marin.

Tintement de téléphone. Chez Cristopher, l'« ambassadeur », c'est justement l'heure du médoc. « *Faut pas que j'oublie sinon ça me met pas bien direct* », certifie-t-il en câlinant Ruby. « *Moi ici, je ramasse, mais je crois qu'elle, ça va.* » Il vacille : « *Je crois que Ruby et moi, on était destinés. Ou plutôt que ça faisait*

Si Claude évoque
ses cauchemars
au psychiatre,
celui-ci pourrait
augmenter les doses
prescrites.

longtemps qu'elle et moi, on se préparait à notre rencontre. » Son regard plonge vers l'ombre ligneuse du cabanon. Cristopher se « *méfie du langage* » mais raconte avec la plus grande clarté la solitude extrême qu'il a trop longtemps endurée. « *Je cherchais, j'avais besoin de quelqu'un. Le dimanche, j'allais dans des refuges, dans les animaleries…* » Il s'arrête, la voix vrillée d'émotion : « *J'allais voir les lapins…* »

Ruby s'approche à pas feutrés. Avec une infinie délicatesse, elle pose son museau dans la main de son maître et se met à gémir doucement. Cristopher se ressaisit : « *Ce que je veux, c'est qu'elle soit là. Je demande rien de plus.* »

SE POSER EN TERRASSE

—

« Là, on fait de la reconnaissance. Tout à l'heure, on fera un cache-cache. » Devant la porte d'une école désaffectée, Fred donne les instructions : *« Observez bien vos chiens. Ici, ils sont dans l'inconnu. Ils vont sentir beaucoup de matière au sol, de la poussière, du carrelage, des pierres. Ils vont devoir résoudre des problèmes, prendre des décisions. Essayez de voir s'ils vous suivent… »*

Pour l'exercice suivant, la consigne évolue : *« Tu ouvres la porte et tu excites un peu ton chien. Une petite excitation. Puis tu te caches. »* Loïc acquiesce, pousse un cri de l'au-delà, tape un grand coup dans la porte et disparaît. *« Vindieu ! »*, sursaute Fred en riant. Darky, le molosse de Loïc, s'engouffre dans le bâtiment comme un bulldozer et trouve rapidement son maître : « *Tu résous tes problèmes, toi hein, oui, tu les résous…* », resplendit Loïc.

La pause déjeuner a lieu au pied de la cascade du Picou, où le ruisseau du Lampy bruisse en pleine forêt : « *L'eau, ça fait du bien à la tête, ça lave* », affirme Cristopher. Fred savoure son sandwich, l'œil rieur. Au soleil, sa manche retroussée découvre un tatouage de loup noir.

« *Je ne sais pas si Darky sait nager* », s'inquiète soudain Loïc tandis que son animal fixe d'un regard équivoque les énormes rochers de la cascade. « *Même si on fait pas de nage, il apprend beaucoup de choses, ton chien…* », rassure Fred.

Quelques jours plus tard, Loïc tressaille en repensant à ce moment : « *J'étais bien. J'ai eu un moment de grâce. Les chiens étaient posés. À Paris, je ne sors pas. J'évite les heures où il y a du monde. Les potes, y en a que je ne vois plus. Les vrais passent toujours à la maison, mais les autres… Ici, Darky découvre plein de choses. Il n'est pas du tout pareil.* » Loïc grimace : « *Comment je transcris ça chez moi ?* »

« *Vous avez envie de travailler des choses précises ? Certaines mises en situation ?* demande Fred sur le chemin du retour.

— *Moi, j'aimerais bien arriver à me poser en terrasse. Que Darky apprenne* », sourit Loïc.

En route pour Carcassonne, Cristopher se fige derrière ses lunettes fumées : *« C'est pas pour faire demi-tour, mais moi, ça m'angoisse d'y aller. »* À l'arrière du van, Loïc garde pour lui ses palpitations. À l'arrivée, en plein après-midi, la ville grouille de touristes, d'enfants et d'animaux. *« Concentrez-vous sur vos chiens. On s'en fout des gens »*, martèle Fred, sans qui les hommes restent cloués au sol et le chiens font les cons. Le maître-chien louvoie entre Cristopher et Loïc : *« Si tu fatigues avec Darky, je le prends. »* Derrière, Cristopher s'accroche, mutique et blafard. Le groupe franchit les remparts de la cité médiévale comme un petit Everest. L'adjudant-chef pose une main sur l'épaule de Cristopher. *« Merci, Fred »*, articule-t-il, les yeux rivés sur Ruby.

Le lendemain, au club canin, Vincent, du refuge, propose un exercice à la voix : *« Vous allez demander à vos chiens de vous suivre dans ce parcours, presque sans parler. Claude, tu n'as le droit qu'à une unité de sens par phrase : un "Syndelle", un "mon amour", un "assis", OK ? »* Claude glousse. *« Restez concentrés sur vos chiens. C'est quand on baisse la pression que les conneries arrivent. »* À côté, Mathieu leurre Nora pour la faire avancer. *« Malin ! »*, félicite Vincent tout en avisant Claude qui assène crescendo des *« Syndelle »* sans être obéi. *« Hé ! Qui balade qui ? »*, le reprend

Vincent. La chienne finit par obtempérer.

Un soir, Claude reçoit les cynos à dîner dans son bungalow. « *On fait comme un apéro avec les cacahuètes et tout…* », annonce Fred. « *L'idée est de voir comment se comporte le chien.* » Syndelle se tient à carreau mais Claude dévisse. Le marin-pompier monte en pression, jette les burgers dans les assiettes et envoie bouler Jean-Philippe, qui lui rappelle gentiment les fondamentaux de la courtoisie. Le lendemain, le jeune homme présente des excuses et insiste pour les inviter à nouveau : « *C'est moi, j'y tiens.* »

« Restez concentrés sur vos chiens. C'est quand on baisse la pression que les conneries arrivent. »

LES CHATS ET LES ENFANTS

—

La deuxième semaine a filé plein galop. L'ambiance rigolarde du dernier dîner se mêle à l'appréhension du départ. Au cours des quinze prochains jours, Mathieu et Claude rentreront pour la première fois chez eux avec leur chien. Mathieu, le montagnard, compte beaucoup observer Nora, qui va découvrir son environnement quotidien et ses enfants. « *Mon fils adore les animaux. Je sais qu'il va être déçu parce qu'il va jeter la balle et qu'elle ne bougera pas. Je vais essayer de travailler ça. Je vais aussi leur dire que c'est un chien de refuge. Qu'il faut y aller doucement.* » Les enfants de Mathieu ignorent encore que leur père rentre à la maison avec un chien. Son entourage ne sait pas non plus qu'il souffre d'un syndrome de stress post-traumatique. À Carcassonne,

Mathieu n'a pas dit qu'il avait arrêté de boire en venant ici. Somnolente au pied de son maître, Nora se dresse subitement sur ses pattes et fixe avec intensité un intrus invisible. « *Le chien, c'est le présent. Nora, elle est là, maintenant, elle observe. La guêpe, la mouche qui arrive, les trucs qui bougent. Des fois j'aurais envie de prendre sa place.* » Sur son téléphone, le grand Claude fait défiler des centaines de photos de Syndelle : « *La chienne a beaucoup changé, c'est plus la même. Mais moi non plus. Faut que je lui montre que je suis là. Sinon, elle va se dire qu'à chaque difficulté je vais la lâcher.* » L'ancien marin-pompier a hâte de rentrer : « *Ici, il y a beaucoup de monde. Je me sens évalué.* » Il lui tarde de se retrouver en solo avec Syndelle, même si l'idée lui donne la tremblote : comment vont réagir les chats ? Est-ce que Syndelle va changer ? Va-t-elle aimer le panier-canapé rouge acheté sur Amazon ? Et avec madame ?

Le jeune homme trouve rassurant de pouvoir compter sur la venue de Jean-Philippe au cours de la prochaine quinzaine. Une dernière chose le tracasse : Syndelle ne s'est toujours pas baignée alors qu'il vit en bord de mer. « *Il va falloir que je l'habitue. Je vais commencer par lui faire prendre un bain à la maison.* » Il rit puis recommence à se ronger les ongles : « *Ce que je veux, c'est m'en sortir. Je veux y arriver.* »

LE COUP DES DENTS

—

Pour Nora et Mathieu, les quinze jours passés à domicile ont commencé de travers. La chienne s'est montrée insondable et méfiante, notamment à l'égard des enfants, âgés de 8 et 10 ans : « *Elle a été surprise. Elle a commencé à grogner et à montrer ses dents, c'était la première fois que je la voyais faire ça.* » Le stagiaire en flageole encore.

« *Le coup des dents, mon fils n'a pas aimé. Le premier soir, Nora sautait sur les enfants mais pas pour s'amuser comme elle fait d'habitude. Même moi, j'avais peur pour eux. La chienne me regardait, les enfants pleuraient. Je me suis dit : putain la soirée commence bien, c'est super.* » Mathieu a emmené la troupe se promener. « *Ça a calmé tout le monde et les enfants étaient contents de ne pas aller se coucher.* » Les jours suivants, rebelote.

En parallèle, Fred l'a conseillé par téléphone et lui a rendu visite. De même avec Florian et Loïc. Il a parcouru 2 200 kilomètres en trois jours.

À la maison, Mathieu a aussi dû trouver une place pour ses accès de fureur face à Nora : « *J'ai des colères que j'aime pas du tout. Je déteste. Avec Nora, je me suis emporté. Elle tremblait de partout, la pauvre. Ça se voit qu'elle a un passé compliqué. Après, j'ai mis deux heures à la récupérer. De la voir trembler comme ça, ça m'a calmé. Le côté positif, c'est que si elle fait une connerie et que je m'emporte, je suis foutu. Donc je vais faire comme avec mes enfants. Quand ces colères-là montent, pour me protéger moi et pour protéger tout le monde, soit je sors, soit je fais sortir la personne en face.* »

Un autre événement a ébranlé Mathieu au cours de la quinzaine : « *Je suis parti courir trois fois avec Nora. La dernière fois, en forêt, d'un coup j'ai eu un fourmillement au ventre. Un plaisir. Une sensation de bien-être. J'étais avec la chienne, j'étais bien, elle courait à côté de moi. Ça a duré une seconde, peut-être moins. Je ne suis pas près d'oublier. Je courais tout seul comme un con et je pleurais en courant. Depuis, j'arrête pas d'y réfléchir.* »

Mathieu rajuste un instant ses bracelets puis lisse son épaisse barbe d'un geste machinal. « *Ce qui me fait flipper, c'est que je crois que j'ai jamais ressenti ça.*

Jamais. » Depuis, il attend que cette sensation le retraverse : « *La psy a dit que ça allait revenir.* »

Du côté de chez Claude, le retour à la maison a été intense aussi. « *Je l'ai sortie trois fois par jour. On marche tout le temps. Les jeux vidéo, j'y ai pas touché du tout.* » Le jeune homme a « *trouvé un copain pour Syndelle* » et dîné chez un ami, éloigné depuis deux ans. Désormais vêtu d'un gilet de pêche multipoches, il a l'air tout droit sorti d'un film de Jacques Tati. « *Quand je le mets, elle sait qu'on part en balade.* » Il a aussi acheté une laisse avec torche intégrée pour les balades nocturnes. Il appelle désormais sa chienne « Syn' ». « *Madame me reconnaît pas*, se réjouit-il. *Moi non plus. Je m'énerve moins. Je sors plus. Elle voit que ça m'égaie et que ça me sort de tous ces trucs-là même si les cauchemars, tu peux pas non plus les enlever tout à fait.* »

LE PARCOURS D'OBSTACLES

—

Au camping, le mois de mai a épaissi la brousse autour des bungalows. Les figues ont enflé sur leur branche, le chèvrefeuille a fleuri. À l'arrivée, Loïc semble moins citadin et plus enjoué : *« C'est pas pour Darky cette semaine, c'est pour moi. J'annonce la couleur. »*

Il estime que son chien a changé. Leur relation aussi. Le stage a inspiré au Parisien une idée de reconversion professionnelle : *« Quelque chose en lien avec le soin, mon expérience d'infirmier et le chien. »* Il se renseigne sur diverses formations et a repéré un établissement accueillant des enfants trisomiques à qui Darky pourrait rendre visite. *« Il aime tellement les enfants ! »* À terme, Loïc envisage la possibilité de quitter Paris.

Aux alentours de Carcassonne, les promenades dévoilent sans cesse de nouvelles gorges et cascades. Claude trempe ses pieds dans l'eau fraîche et encourage Syndelle à l'imiter. Malgré la chaleur précoce, la chienne refuse toujours de se baigner. Jean-Philippe, qui crapahutait sur les parois rocheuses, se jette à l'eau. Il installe sa chaise pliante au beau milieu d'un gué et s'y assoit. Immergé jusqu'au poitrail, il tente d'appâter Syndelle avec un bout de sandwich. Bien au sec, Fred et Vincent se marrent :

« *On a bien fait d'engager un commando marine !*

— *Il est heureux…*

— *Ça lui rappelle le Viêtnam.* »

En cette dernière semaine de stage, Claude s'est affiné et a pris des couleurs mais son humeur est sinusoïdale. Lors d'un exercice de reconnaissance sur une place de Carcassonne, il s'énerve et s'éloigne avec Syndelle. De retour au camping, il a du mal à redescendre : « *Je vais péter un câble. Y a que des ordres. Y a que des choses à faire. Tout le monde te dit fais ci, fais ça. Ça dure trop longtemps ce stage. C'est trop !* » Ses mains tremblent, le lacet de sa chaussure lui résiste : « *Putain !!! C'est trop serré, ça me vénère !* » Il regarde Syndelle : « *Et maintenant, tu vas être énervée parce que le maître est énervé !* »

Le lendemain, au club canin, la petite troupe découvre l'*agility*. Sur un parcours parsemé d'obstacles aux normes de concours, des passionnés du club se succèdent et guident leur chien. L'exercice requiert la confiance de l'animal en son maître et l'obéissance à la voix. Après la démonstration, les stagiaires sont invités à essayer. Syndelle entre sur le terrain, suivie de Claude. La chienne franchit la première haie et, tout du long, impressionne l'assemblée. *« Elle se régale, Syndelle ! Ça fait plaisir »*, s'émerveille Vincent, du refuge. Bouquets

« C'est pas pour Darky cette semaine, c'est pour moi. J'annonce la couleur. »

d'applaudissements aux sauts réussis. Claude se retourne, surpris, presque désarçonné. Il se met à rougir puis relance la chienne, galvanisé. Tunnel, palissade, poutre, tunnel… Le marin resplendit.

« *Ta chienne, elle a confiance en toi. Ça fait combien de temps que tu l'as ?* demande le moniteur du club.

— *Cinq semaines.*

— *Pour une chienne qui a déjà 1 an, c'est génial. Tu vas passer de bons moments avec elle.*

— *J'en passe déjà.*

— *Tu peux être fier de toi et tu peux être fier d'elle.* »

Claude ressort du terrain en lévitation.

De retour au camping, il en parle encore. Malgré l'heure tardive, les stagiaires savourent un « pot de la marine » et traînent dehors en regardant foncer les ombres. Sur son téléphone, Loïc repère les clubs d'*agility* à proximité de chez lui.

« *La médiation canine, c'est pour le chien au départ mais ça te fait revenir à toi. Ça te fait poser des limites,* analyse Loïc. *La deuxième semaine, Fred m'a dit quelque chose qui m'a vraiment touché : "Faut arrêter à un moment de survivre et de faire les choses en surface. Faut réapprendre à vivre, recommencer".* »

CASSURE DE TERRAIN

—

« C'est quoi le pistage, pour vous ? interroge Fred à l'orée d'une futaie.

— *De la recherche…*

— *C'est ça. Le chien, par le biais de traces laissées au sol, retrouve la source d'une odeur. Quand vous marchez, vous laissez votre odeur : votre molécule, vraiment la vôtre, part partout. Pour la rechercher, le chien utilise son nez. Si ça vous intéresse, on pourra travailler ça chez vous quand je viendrai en visite. »*

Le pistage demande beaucoup de concentration aux chiens mais leurs 220 millions de cellules olfactives leur facilitent le travail. C'est aussi la discipline idéale pour qui veut mieux connaître son animal. *« L'olfaction, c'est leur métier. Le nez, c'est eux qui nous l'apprennent »*, explique Fred. Vincent se souvient d'un des chiens de son père douanier « *capable de marquer de l'héro dans de l'acide de batterie* ».

« *Le chien décompose les odeurs et les mémorise séparément*, détaille Fred. *Les chiens de stup, par exemple, commencent tranquille puis passent aux drogues diverses. Certains sont même capables de détecter l'argent.*

— *Je croyais que l'argent n'avait pas d'odeur*, tilte Loïc.

— *Pour un chien, si.* »

L'infirmier s'éloigne à travers une prairie. « *Quand il marche, il laisse des traces de son odeur. Il écrase l'herbe. Ça s'appelle la "cassure de terrain"* », commente Fred en retenant Darky.

Une fois lâché, le chien part en tous sens. « *Très bien* », l'encourage Fred. L'animal remonte sur 300 mètres et débusque son maître, recroquevillé derrière un taillis. « *Il était plus intéressé que la dernière fois par le fait de te retrouver*, relève Fred. *Il est plus proche de toi, ton chien. Il serait pas mauvais en pistage.* »

Cette semaine encore, Nora, la chienne de Mathieu, a des coups de fatigue. La prise de sang requise pour l'assurance de l'animal a révélé un possible diabète. Le chasseur alpin hausse les épaules. « *J'y crois pas au diabète. Ça passera. Je suis persuadé qu'avec moi elle sera bien. Je sais que je suis pas plus fort que le diabète, mais dans ma tête, je suis déjà programmé pour me dire qu'il n'y aura rien. S'il faut faire des piqûres, je les ferai. »*

De retour à la cascade, « Nono » et Mathieu regardent Claude simuler la noyade pour attirer Syndelle dans l'eau. Darky le prend pour lui et plonge aussi sec. *« Il le fait ! Il nage ! »*, sursaute Loïc, aux anges. Le chien sort, s'ébroue, et jappe aux nues sans s'arrêter. Au bout de quarante minutes, il y est toujours. Loïc cherche le regard de Fred : *« C'est juste qu'il est heureux, il ne sait pas comment faire. Laisse-le chercher. »*

SORTIR D'ICI

—

Dans une rue commerçante de Carcassonne, un exercice pratique valide la fin du stage. Malgré l'anxiété du moment, chaque homme suit son chien, chaque chien suit son homme. « *On voit la différence sur les chiens* », se réjouit Jean-Philippe, dont le Lacoste du jour tire sur le bleu lavande. « *Regarde aujourd'hui : Syndelle, qui est la plus compliquée de toutes, est aux ordres. Elle est plus réceptive. Elle suit et se place parfaitement. Rien qu'en début de semaine c'était pas ça du tout. Là, c'est bien, c'est beau, c'est stable. Les chiens ont compris et s'appliquent dans le travail.* »

Mathieu est à la fois content et anxieux à l'idée de rentrer. « *Ici, y a pas le diable. C'est chez nous qu'il frappe à la porte.* » Il a réfléchi à un stratagème : « *J'ai pris la tente et le duvet. Je me suis dit que j'allais d'abord aller voir la mer. Nora va découvrir la plage, je vais voir sa réaction et en apprendre encore sur elle. »*

Le dernier déjeuner d'Arion s'alanguit sous les parasols. Mathieu, Loïc et Claude bavardent en liquidant la fin des provisions empilées sur la table. Ils sont attendus l'après-midi au refuge pour officialiser l'adoption de leur chien au cours d'une courte cérémonie. « *Une autre forme d'engagement* », place Vincent. À table, le trio s'interroge : faut-il emmener les animaux au refuge avec eux avant de partir ou leur épargner un retour, même furtif, dans

Il imagine les bêtes débarquer en bande au chenil et narguer leurs congénères.

ce lieu d'abandon ? Claude craint pour la sensibilité de sa chienne. Loïc abonde, médite une seconde puis éclate de rire. Il imagine les bêtes débarquer en bande au chenil et narguer leurs congénères, les renvoyant à leur sombre vie sans maître et sans avenir. Mathieu renchérit. De la main, il imite le salut plein de morgue de Nora paradant au nez des autres devant les grilles.

Les maîtres rient mais la question les taraude. « *J'en ai discuté avec Fred* », tranche finalement Mathieu au moment de boucler sa valise. Dehors, Nora s'est assoupie sous un laurier. « *Fred, il pense chien. Il dit que c'est peut-être bien pour eux qu'on les emmène. Qu'ils vont peut-être se souvenir et mesurer le changement qui s'est accompli en nous. À quel point on est une autre personne. Il pense aussi que nos chiens donneront peut-être de l'espoir aux autres. J'aime bien cette idée. Il dit que les chiens vont dialoguer entre eux. Les autres se diront : ah tiens, ils partent ! Et les nôtres répondront : "Les gars, perdez pas espoir. On peut sortir d'ici".* »

« C’est la relation qui transforme les deux. »

ENTRETIEN AVEC
CHRISTOPHE BLANCHARD

Christophe Blanchard, sociologue et enseignant-chercheur à l'université Sorbonne Paris Nord, accompagne le programme « Arion » dans le cadre d'un projet de recherche soutenu par l'Agence nationale de la recherche. Il étudie l'impact des chiens sur les blessés.

— « Arion » est un programme de médiation canine. Pouvez-vous définir cette notion ?

— Il n'en existe pas de définition claire. C'est un champ un peu foutraque, peu structuré, où l'on trouve beaucoup d'approches différentes. Pour le grand public et pour les experts médicaux non initiés à la médiation animale, celle-ci renvoie souvent à quelque chose qui est de l'ordre du médical : à la notion de « cure » plutôt que de « *care* ». Du thérapeutique plutôt que du « prendre soin ». Or les chiens d'Arion sont du côté du *care*. On n'est pas dans le traitement d'une blessure avec un médicament qu'on appellerait « chien » et qui viendrait, par magie, guérir la blessure. Les animaux sont des supports au mieux-être. La notion de « chien de médiation » est utilisée de manière large chez nous pour définir le fait que l'animal apporte un soutien à une personne vulnérable.

— Dans quelle mesure les chiens d'Arion sont-ils des chiens de médiation ?

— On met en relation deux êtres vivants et leur relation va transformer le binôme qu'ils constituent. Le chien reconnecte le blessé au réel. La vie quotidienne de l'animal et ses réalités biologiques obligent le stagiaire à se décentrer de sa blessure pour être attentif à un autre être vivant que lui-même. Le maître doit s'occuper de son chien, le sortir, le promener, le soigner, le nourrir. C'est très terre à terre. Il y a aussi une identification sociale. Dans un pays comme la France, peuplé de plus de 7 millions de chiens, le blessé rentre dans la grande famille des propriétaires de chiens. Il va être considéré comme tel. La blessure est toujours présente mais elle n'est plus le cœur de la vie de la personne. Le chien est « aidant » au sens où il contribue à faire du bien. Mais le blessé aussi aide le chien. C'est pour cette raison que le travail avec des animaux de chenil est intéressant : le chien va trouver un maître qui le sort de sa condition de chien de refuge. Le maître, lui, va apporter à l'animal de la sécurité, de la confiance et un foyer qui va l'aider à se stabiliser. C'est du gagnant-gagnant.

— Quelle est la différence entre un chien de médiation et un chien qui accompagne, par exemple, les personnes en situation de handicap moteur ou mental ?

— Dans le second cas, on parle de « chien d'assistance ». Juridiquement, c'est la seule catégorie référencée.

La formation des chiens d'assistance est réglementée par une législation qui date de 1987, renforcée en 2005 par la loi handicap. Cette législation leur donne un statut très spécifique et des droits, qui sont afférents au chien et à son maître : le droit d'entrer ensemble dans des lieux publics comme les lieux de loisirs, les transports, les commerces. Ces chiens sont formés pendant deux ans par des associations labellisées et coûtent très cher. Ils sont confiés à des personnes qui en bénéficient sans en être propriétaires. Sont concernés par exemple les 1500 chiens guides d'aveugles vivant en France. Ou les chiens écouteurs, destinés aux personnes sourdes. Parmi les chiens d'assistance, on peut citer aussi les chiens dressés pour assister les personnes en fauteuil roulant, ou celles atteintes d'épilepsie. Ces derniers sont capables de donner l'alerte, de rassurer leur maître, de le faire rouler sur le dos ou de relever sa nuque pour éviter l'étouffement. On pourrait encore citer les chiens d'éveil destinés aux enfants atteints de troubles autistiques.
Les chiens d'Arion ne sont pas des chiens d'assistance. En effet, ils deviennent la propriété des blessés à la fin du programme. Par ailleurs, ils ne sont pas dressés pour réaliser des actions spécifiques d'aide, comme marquer l'heure de prise des médicaments. Un des enjeux du programme, dans un avenir proche je l'espère, serait de réussir à faire entrer les chiens d'Arion dans une

catégorie bénéficiant des mêmes droits que les chiens d'assistance.

— Qu'est-ce que cela implique exactement ?

— Que les chiens soient reconnus dans leur utilité auprès des personnes en état de stress post-traumatique (ESPT), afin que leur maître puisse les emmener partout avec eux, sans être exclu d'un musée ou d'un train à cause de la présence du chien. Derrière la question juridique se trouvent des problématiques humaines très concrètes. La difficulté, c'est que les personnes en ESPT n'ont pas forcément de carte d'invalidité ou de priorité. Leurs blessures ne leur ouvrent pas systématiquement ce droit. Parfois, ce sont les blessés eux-mêmes qui ne tiennent pas à le faire valoir. De même, certaines personnes ne souhaitent pas forcément que leur chien porte un harnais identifiable pointant leurs troubles, comme c'est généralement le cas pour les chiens d'assistance. Elles ne veulent pas être stigmatisées. C'est un nœud qui renvoie au statut du chien mais aussi à l'identité revendiquée, perçue ou souhaitée du blessé.

— Le programme « Arion » 2022 est encore au stade expérimental. Quel avenir l'attend ?

— Le programme sera reconduit en 2023 et accueillera davantage de blessés. L'armée de terre a également signé une convention avec la SPA, qui fournira désormais les chiens de refuge. Une des conclusions de

l'année 2022 est que le dispositif fonctionne tel qu'il a été conçu : avec des experts du chien – des cynotechniciens militaires – qui accompagnent un binôme homme-chien sur un temps suffisamment long pour que cet accompagnement ne soit pas simplement un stage d'animation mais un vrai soutien dans la durée. Le dispositif prend en compte les spécificités de la blessure psychique, telles que l'anxiété, les troubles de la concentration ou la dégradation des liens sociaux mais il ne prétend aucunement guérir la blessure.
On se rend compte que le mieux-être des blessés est perceptible mais qu'il peut aussi s'évaluer à travers le mieux-être du chien. L'animal est un indicateur de la réussite du projet. Ce n'est pas une découverte. Toute une littérature scientifique démontre les bienfaits des animaux de compagnie notamment sur les publics fragiles. Il restait à le mettre en musique dans le cadre spécifique de l'armée.
— Comment s'est déroulée votre collaboration avec l'armée ?
— Il a fallu convaincre l'institution que la médiation canine « fonctionnait » et que le programme était viable. Le cœur de la cynotechnie militaire n'est pas de faire de la médiation animale mais de réaliser des missions avec des chiens de travail : la protection, la détection, l'attaque et la défense. Il a fallu démontrer que l'armée française avait aussi pour vocation de former des chiens pour accompagner ses

blessés. Ensuite, il a fallu montrer à la cellule d'aide aux blessés de l'armée de terre, la Cabat, mais aussi à son partenaire, le service de santé des armées, qu'il y avait un intérêt à monter un programme en dehors d'une démarche purement médicale.
Finalement, si la mise en place d'Arion a été complexe, ce n'est pas en raison des troubles psychiques des hommes ou des chiens, mais parce que ce projet s'est parfois heurté aux lourdeurs de l'armée. C'est toute l'ambivalence du programme. L'institution a son rythme, ses jeux de pouvoir. Elle génère des contraintes mais c'est aussi un cocon favorable au déploiement d'un tel dispositif : elle a eu le courage d'explorer un programme qui n'était pas dans le giron classique de ses interventions. Et clairement, si l'armée n'avait pas porté ce projet, celui-ci n'existerait pas. Il ne pourrait pas être pérennisé hors du cadre militaire. Dans le privé, on n'arriverait pas à lui donner un tel mouvement.

BIBLIO

Patrick Clervoy, **Traumatismes et blessures psychiques**, éd. Lavoisier, 2016

—

Entretien Élodie Py-Leroy, Laurent Brulin et Jean-Pierre Bouchard, **Psycho-traumatologie : le soutien psychologique aux aidants familiaux dans la prise en charge globale des personnels militaires souffrant de trouble stress post-traumatique**, publié dans les **Annales médico-psychologiques** vol. 178, déc. 2020

—

La Mort, la blessure, la maladie, 13e rapport du Haut Comité d'évaluation de la condition militaire, 2019

—

Rapport d'information en conclusion des travaux d'une mission d'information sur le suivi des blessés, présenté par les députées Anissa Khedher et Laurence Trastour-Isnart, 2019.

—

Rapport sur la proposition de loi « pour une meilleure reconnaissance et un meilleur accompagnement des blessés psychiques de guerre » présenté par le député Bastien Lachaud

—

Aurélien Dhaussy, **Pourquoi l'armée m'a quitté...**, éd. Sydney Laurent, 2020

—

Julien Bry, **Le Regard vide**, éd. Amalthée, 2020

—

Le Souffle du canon, documentaire de Nicolas Mingasson, 2019

DANS LA MÊME COLLECTION :

À la base, c'était lui le gentil
de Ramsès Kefi

À PARAÎTRE :

Mais qui a piqué Valérie ?
de Pierre Carrey

C'est pas la mort
de Patrice van Eersel

À la terre **(titre provisoire)**
de Marin Fouqué

Directrice de collection : Elsa Fayner
Directeur artistique : Christophe Alexandre
Edition : Arthur Frayer-Laleix
Relecture : Sarah Ahnou
Dessin de couverture : David Sala

Imprimé en France par Dupliprint Mayenne
53 100 Mayenne
ISBN : 978-2-35638-179-8